AF220079

Impressum
Verlag: BABADADA GmbH, Nedderfeld 112 , 22529 Hamburg
Geschäftsführer / Verlagsleitung: Harald Hof
Druck: Books on Demand GmbH, In de Tarpen 42, 22848 Norderstedt

Imprint
Publisher: BABADADA GmbH, Nedderfeld 112 , 22529 Hamburg, Germany
Managing Director / Publishing direction: Harald Hof
Print: Books on Demand GmbH, In de Tarpen 42, 22848 Norderstedt

chikoro

school

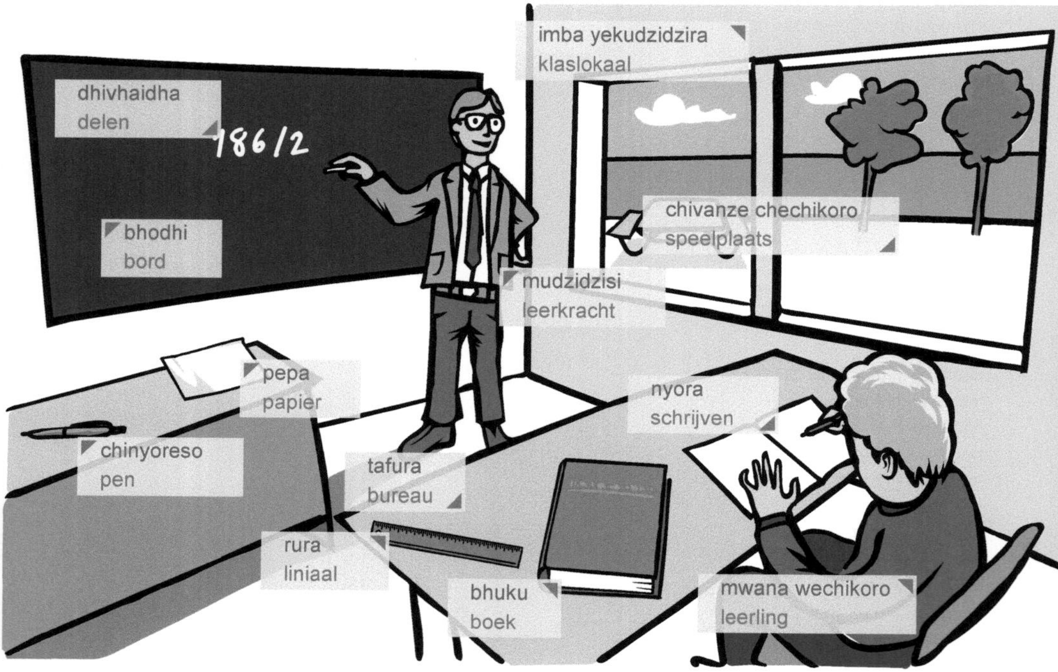

imba yekudzidzira
klaslokaal
dhivhaidha
delen
186/2
bhodhi
bord
chivanze chechikoro
speelplaats
mudzidzisi
leerkracht
pepa
papier
nyora
schrijven
chinyoreso
pen
tafura
bureau
rura
liniaal
bhuku
boek
mwana wechikoro
leerling

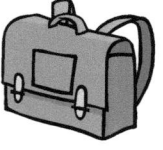

bhegi

schooltas

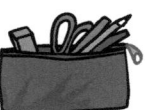

chekuchengetera mapenzura

pennenzak

penzura

potlood

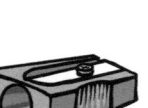

chekurodzesa mapenzura

puntenslijper

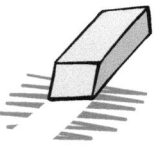

rabha

gom

bhuku rekudhirowera mifananidzo

tekenblok

mufananidzo wakadhirowewa
tekening

bhurasho rekupendesa
verfborstel

bhokisi rependi
verfdoos

chigero
schaar

guruu
lijm

bhuku rekunyorera
werkboek

basa rinoitirwa kumba
huiswerk

nhamba
nummer

sanganisa
optellen

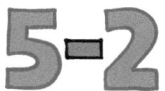

bvisa
aftrekken

wanziridza
vermenigvuldigen

kakureta
rekenen

bhii
letter

arufabheti
alfabet

shoko
woord

mashoko

tekst

kuverenga

Lezen

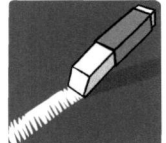

choko

krijt

chidzidzo

les

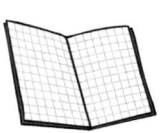

bhuku remazita

klassenboek

bvunzo

examen

setifiketi

certificaat

yunifomu yekuchikoro

schooluniform

dzidzo

onderwijs

encyclopedia

encyclopedie

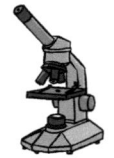

yunivhesiti

universiteit

maikorosikopu

microscoop

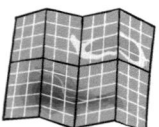

mepu

kaart

bhini remapepa

papiermand

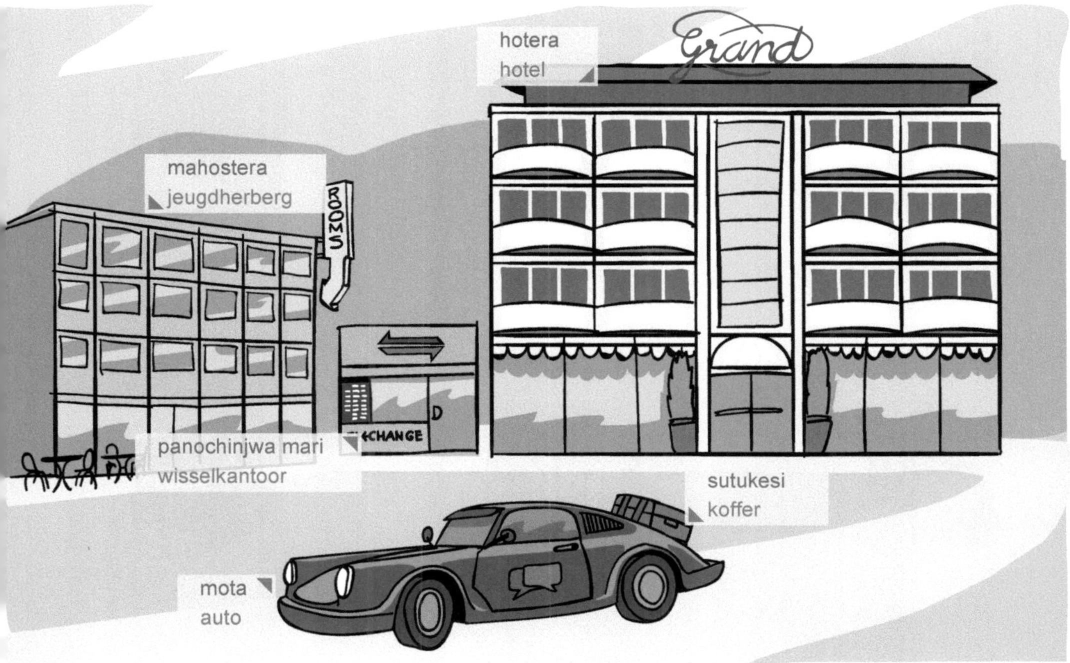

hotera
hotel
Grand
mahostera
jeugdherberg
ROOMS
panochinjwa mari
wisselkantoor
sutukesi
koffer
mota
auto

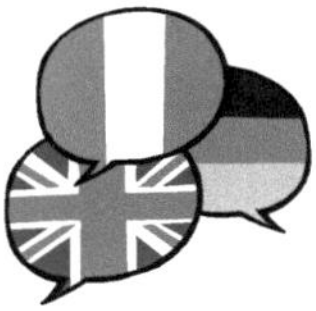

mutauro
Taal

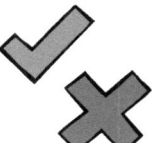

hongu / kwete
ja / nee

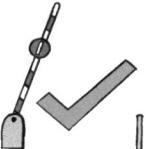

Zvakanaka
oké

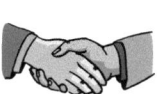

hesi
hallo

mushanduri
vertaler

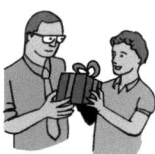

Mazvita
bedankt

Imarii... ?

Hoeveel kost ...?

Handisi kunzwisisa

Ik begrijp het niet

dambudziko

probleem

Manheru!

Goedenavond!

Mangwanani!

Goedemorgen!

Murare zvakanaka

Goedenavond!

toonana

Tot ziens

mafambiro

richting

katundu

bagage

bhegi

zak

bhegi rekumusana

rugzak

muenzi

gast

imba

kamer

bhegi rekurarira

slaapzak

tendi

tent

mashoko evafambi

toeristeninformatie

mahombekombe

strand

kadhi rekubhengi

kredietkaart

kudya kwemangwanani

ontbijt

kudya kwemasikati

lunch

kudya kwemanheru

avondeten

tiketi

ticket

chikwidzo

lift

chitambi

postzegel

muganhu

grens

vanoona nezvekupinda
munyika

douane

vamiririri venyika

ambassade

vhiza

visum

pasipoti

paspoort

zvifambiso

transport

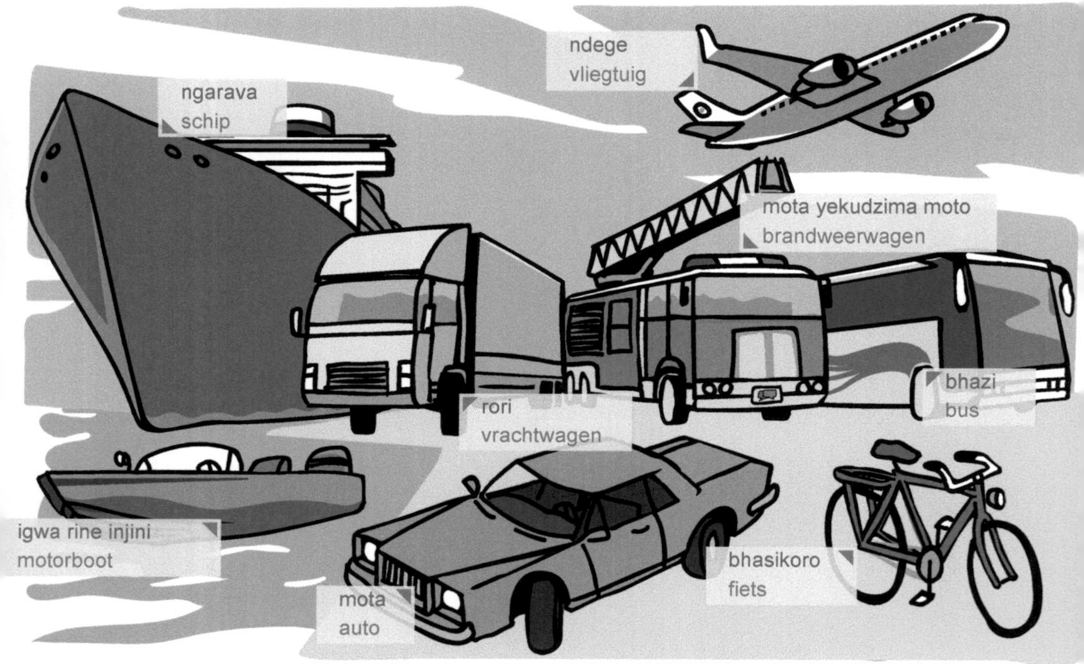
ngarava
schip
ndege
vliegtuig
mota yekudzima moto
brandweerwagen
bhazi
bus
rori
vrachtwagen
igwa rine injini
motorboot
bhasikoro
fiets
mota
auto

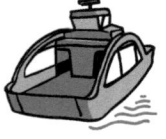

igwa
veerboot

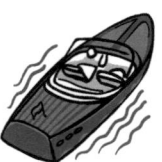

igwa
boot

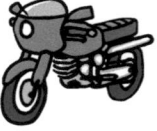

mudhudhudhu
motor

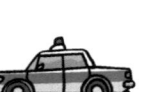

mota yemapurisa
politiewagen

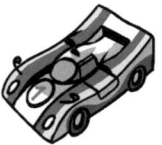

mota yemujaho
racewagen

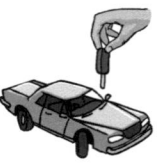

mota yekuhaya
huurauto

kuhaya mota

carpoolen

mota inodhonza dzinenge dzafa

sleepwagen

mota yemabhini

vuilniswagen

injini

motor

mafuta

benzine

garaji remafuta

benzinestation

chikwangwani chemumugwagwa

verkeersbord

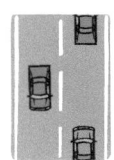

mota

verkeer

mota dzakawandisa

file

panopakwa mota

parkeerplaats

chiteshi chezvitima

station

njanji

sporen

chitima

trein

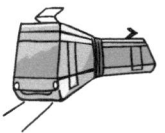

tram

tram

chitima

wagon

chikopokopo

helikopter

nhandare yendege

luchthaven

nharire

toren

mufambi

passagier

chikondena

container

kadhibhodhi bhokisi

karton

ngoro

kar

bhasiketi

mand

simuka / mhara

opstijgen / landen

guta

stad

musha

dorp

pakati peguta

stadscentrum

imba

huis

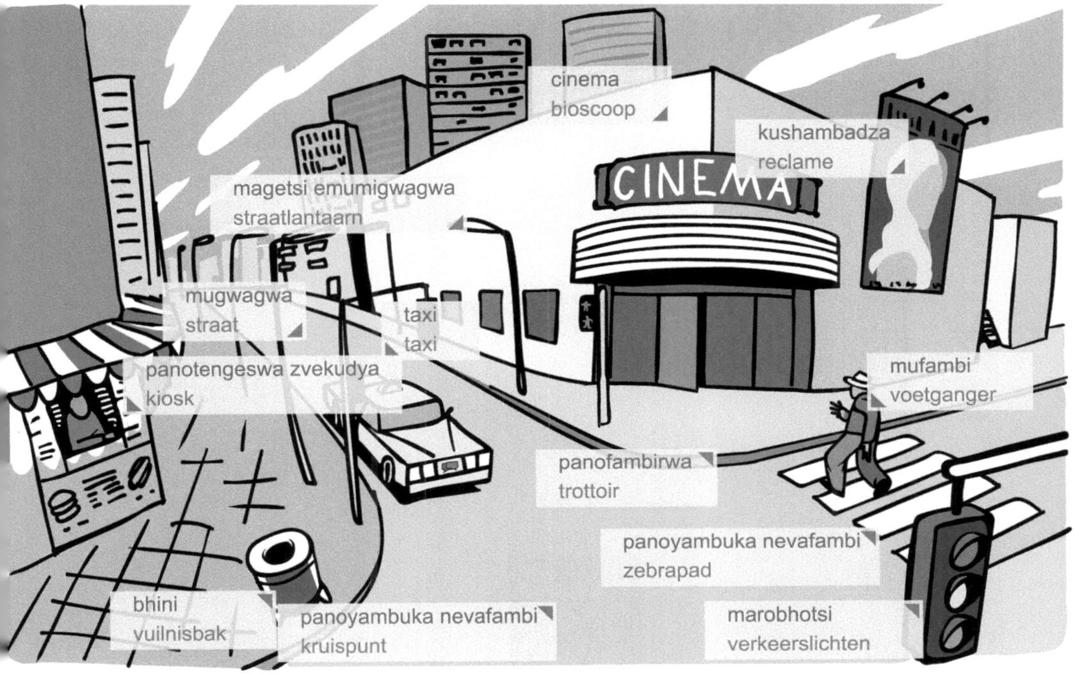
CINEMA
cinema
bioscoop
kushambadza
reclame
magetsi emumigwagwa
straatlantaarn
mugwagwa
straat
taxi
taxi
panotengeswa zvekudya
kiosk
mufambi
voetganger
panofambirwa
trottoir
panoyambuka nevafambi
zebrapad
bhini
vuilnisbak
panoyambuka nevafambi
kruispunt
marobhotsi
verkeerslichten

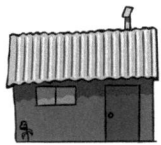

imba

hut

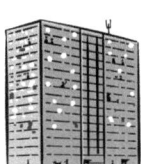

mafurati

woning

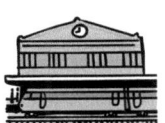

chiteshi chezvitima

station

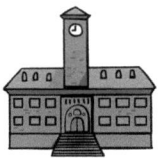

imba yeguta

stadshuis

MUSEUM

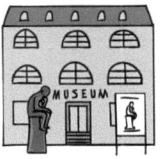

muziyamu

museum

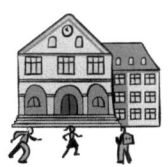

chikoro

school

yunivhesiti

universiteit

bhengi

bank

chipatara

ziekenhuis

hotera

hotel

panotengeswa mishonga

apotheek

hofisi

kantoor

chitoro chemabhuku

boekwinkel

chitoro

winkel

panotengeswa maruva

bloemenwinkel

supamaketi

supermarkt

musika

markt

chitoro chine madhipatimendi

warenhuis

panotengeswa hove

vishandelaar

nzimbo ine zvitoro

winkelcentrum

chiteshi chengarava

haven

paki
park

bhenji
bank

bhiriji
brug

masitepisi
trap

nzira inoenda nepasi
metro

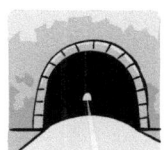

mugwagwa wepasi
tunnel

panokwirirwa mabhazi
bushalte

bhawa
bar

resitorendi
restaurant

bhokisi retsamba
brievenbus

chikwangwani
chemugwagwa
straatnaambord

mita yekupaka
parkeermeter

munochengeterwa mhuka
zoo

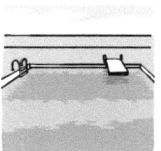

kunotuhwinirwa
zwembad

mosque
moskee

purazi

boerderij

kusvibisa

milieuverontreiniging

kumakuva

kerkhof

chechi

kerk

pekutambira

speelplaats

temberi

tempel

mamiriro akaita nzvimbo
landschap

shizha
blad

chikwangwani
wegwijzer

nzira
weg

mafuro
weide

dombo
steen

mufambi
wandelaar

muti
boom

rwizi
rivier

uswa
gras

ruva
bloem

mupata

vallei

gomo

heuvel

dhamu

meer

sango

bos

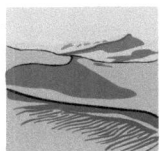

gwenga

woestijn

chikwatamabwe

vulkaan

zimba

kasteel

muraraungu

regenboog

hohwa

paddenstoel

muchindwe

palmboom

umhutu

mug

nhunzi

vlieg

svosve

mier

nyuchi

bijl

buve

spin

chipembenene

kever

datya

kikker

tsindi

eekhoorn

nungu

egel

tsuro

haas

zizi

uil

shiri

vogel

swan

zwaan

nguruve yemusango

wild zwijn

nondo

hert

moose

eland

dhamu

dam

injini yemhepo

windturbine

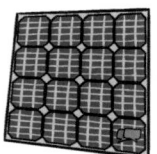

panero rezuva

zonnepaneel

mamiriro ekunze

klimaat

resitorendi
restaurant

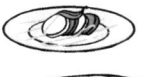

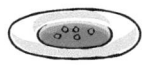

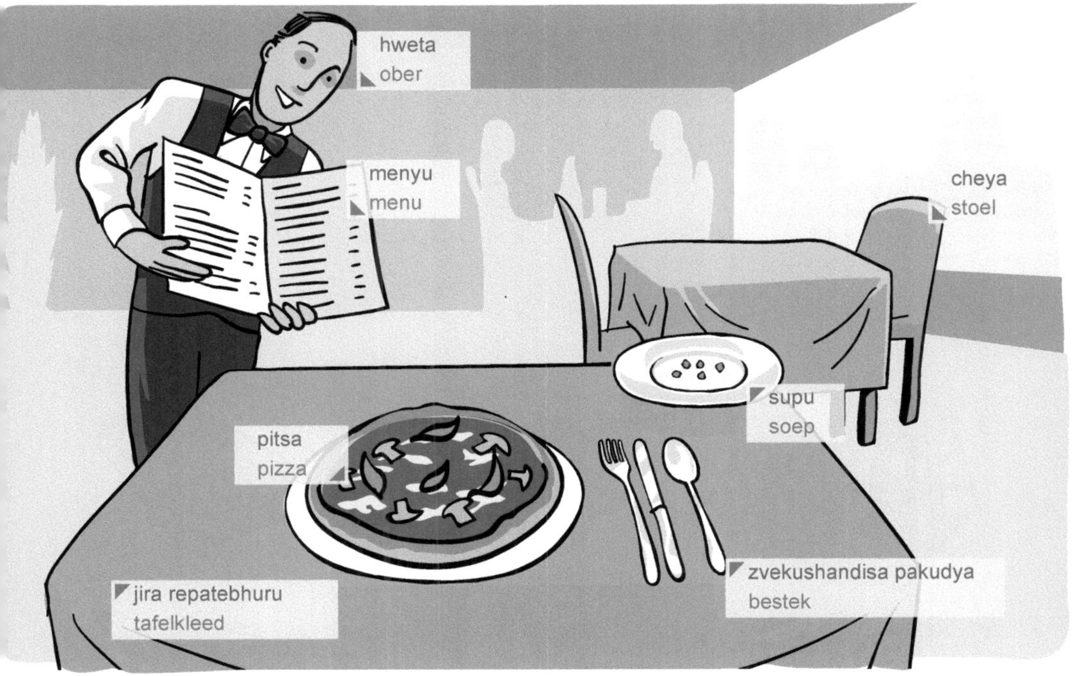

hweta
ober
menyu
menu
cheya
stoel
supu
soep
pitsa
pizza
jira repatebhuru
tafelkleed
zvekushandisa pakudya
bestek

zvekusosa nzara
voorgerecht

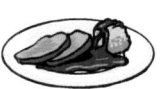

zvekudya
hoofdgerecht

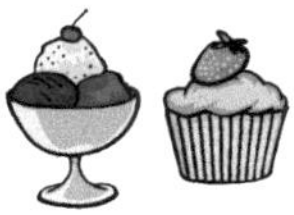

zvekuseredzera
nagerecht

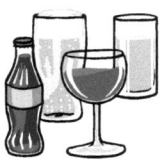

zvekunwa
drankjes

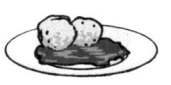

zvekudya
eten

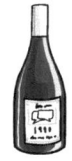

bhodhoro
fles

zvekudya zvisingatori nguva
kubika

fastfood

chikafu chinotengeswa
munzira

street food

tipoti

theepot

gabha reshuga

suikerpot

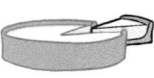

chidimbu

portie

muchina wekofi

espressomachine

cheya yemwana

kinderstoel

bhiri

rekening

tureyi

dienblad

banga

mes

forogo

vork

chipunu

lepel

chipunu

theelepel

zvekupukutisa muromo

serviette

girazi

glas

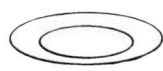

ndiro

bord

ndiro yesupu

soepbord

ndiro

schoteltje

supu

saus

chekuisira sauti

zoutvatje

chekugaya mhiripiri

pepermolen

vhiniga

azijn

mafuta

olie

masipaisi

kruiden

ketchup

ketchup

mustard

mosterd

mayonaizi

mayonaise

supamaketi
supermarkt

zvaderedzwa mitengo
aanbieding
FOR
mutengi
klant
zvinogadzirwa nemukaka
zuivelproducten
michero
fruit
chingoro
winkelwagen

BUTCHERS

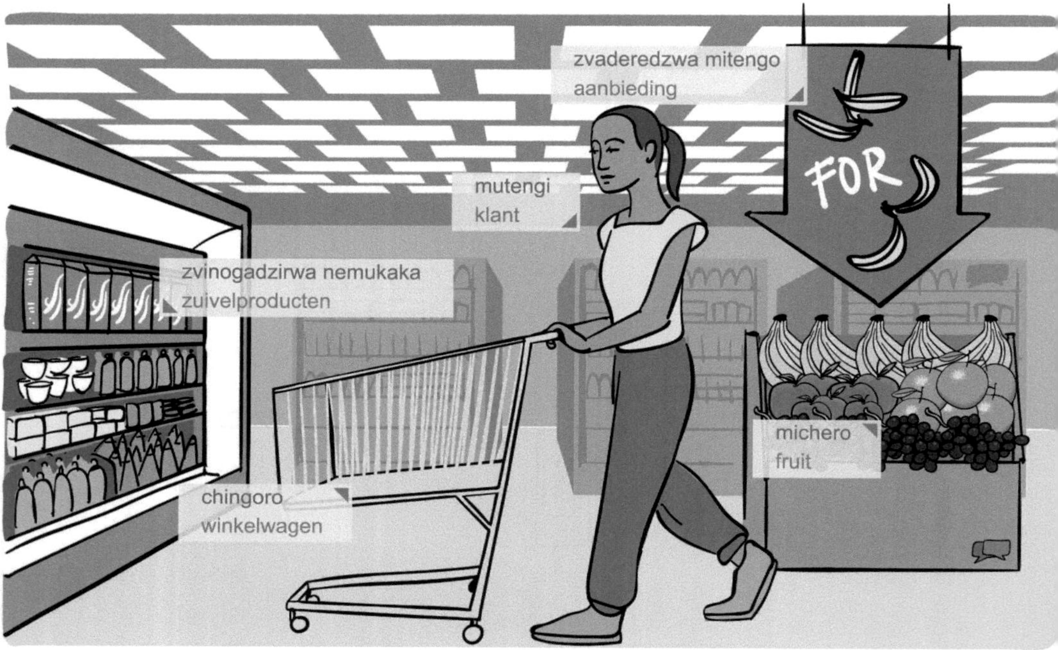

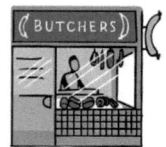

panotengeswa nyama

slagerij

BAKERY

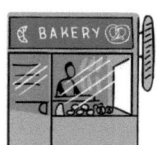

panotengeswa chingwa

bakkerij

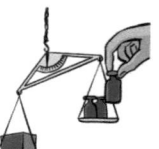

kuyera

wegen

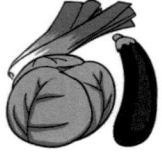

miriwo

groenten

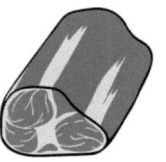

nyama

vlees

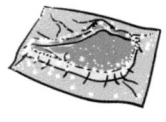

zvekudya zvakaoma nechando

diepvriesvoedsel

nyama yakatonhora

charcuterie

zvekudya zvemugaba

conserven

sipo yeupfu yekuwachisa

waspoeder

masuwiti

snoep

zvekushandisa mumba

huishoudproducten

zvekuchenesa nazvo

schoonmaakproducten

mutengesi

verkoopster

tiru

kassa

mutengesi

kassier

zviri kuda kutengwa

boodschappenlijstje

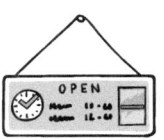

nguva dzekuvhura

openingstijden

chikwama

portefeuille

kadhi rekubhengi

kredietkaart

bhegi

tas

pepa rekuisira

plastieken zakje

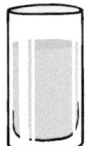

mvura

water

muto wemichero

sap

mukaka

melk

coke

cola

waini

wijn

doro

bier

doro

alcohol

cocoa

cacao

tii

thee

kofi

koffie

kofi

espresso

cappuccino

cappuccino

bhanana

banaan

apuro

appel

orenji

sinaasappel

nwiwa

meloen

ndimu

citroen

karotsi

wortel

gariki

knoflook

mushenjere

bamboe

hanyanisi

ajuin

hohwa

champignon

nzungu

noten

manoodle

noodles

spaghetti

spaghetti

mupunga

rijst

saradhi

salade

machipisi

frieten

mbatatisi dzakafuraiwa

gebakken aardappelen

pitsa

pizza

chingwa chakaruma nyama

hamburger

sangweji

sandwich

nhindi

kalfslapje

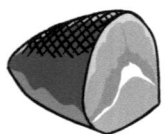

ham

ham

salami

salami

soseji

worst

huku

kip

gochwa

braden

hove

vis

bota reoats

havervlokken

muesli

muesli

macornflake

cornflakes

furawa

bloem

croissant

croissant

chingwa

pistolet

chingwa

brood

chingwa chakagochwa

toast

mabhisikiti

koekjes

bhata

boter

ige

kwark

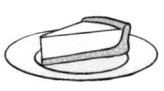

keke

taart

zai

ei

zai rakafuraiwa

spiegelei

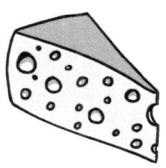

chizi

kaas

zvekudya - eten

aizikirimu

ijs

shuga

suiker

huchi

honing

jemu

confituur

chocolate yekuzora

choco

curry

curry

zvekudya - eten

purazi
boerderij

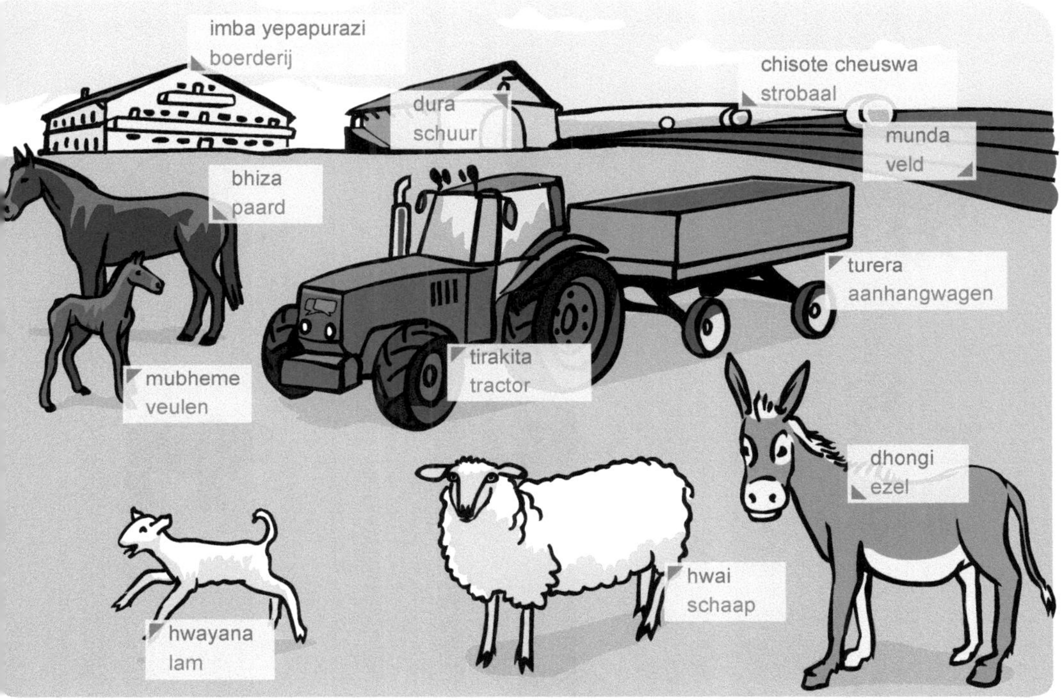
imba yepapurazi
boerderij
dura
schuur
chisote cheuswa
strobaal
munda
veld
bhiza
paard
turera
aanhangwagen
tirakita
tractor
mubheme
veulen
dhongi
ezel
hwai
schaap
hwayana
lam

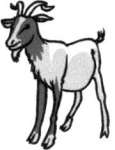

mbudzi

geit

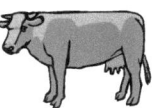

mhou

koe

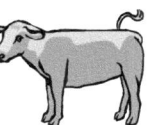

mhuru

kalf

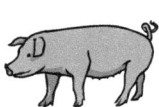

nguruve

varken

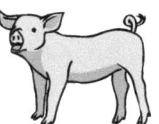

chigwi

biggetje

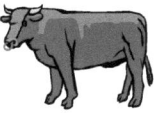

bhuru

stier

dhadha

gans

dhakisi

eend

nhiyo

kuiken

tseketsa

kip

jongwe

haan

gonzo

rat

katsi

kat

mbeva

muis

dhonza

os

imbwa

hond

imba yembwa

hondenhok

pombi yemvura

tuinslang

keni yekudiridzisa

gieter

jeko

zeis

gejo

ploeg

jeko

sikkel

badza

schoffel

forogo

hooivork

demo

bijl

bhara

kruiwagen

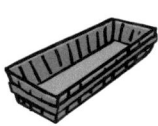

chidyiro

trog

bhodhoro remukaka

melkkan

saga

zak

fenzi

hek

danga

stal

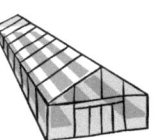

greenhouse

broeikas

ivhu

bodem

mbeu

zaad

fetereza

mest

mota yekukohwesa

maaidorser

kukohwa

oogsten

gohwo

oogst

mbatatisi

yam

gorosi

tarwe

soya

soja

mbatatisi

aardappel

chibage

maïs

rapeseed

koolzaad

muti wemichero

fruitboom

mufarinya

maniok

mbesa

graan

imba
huis

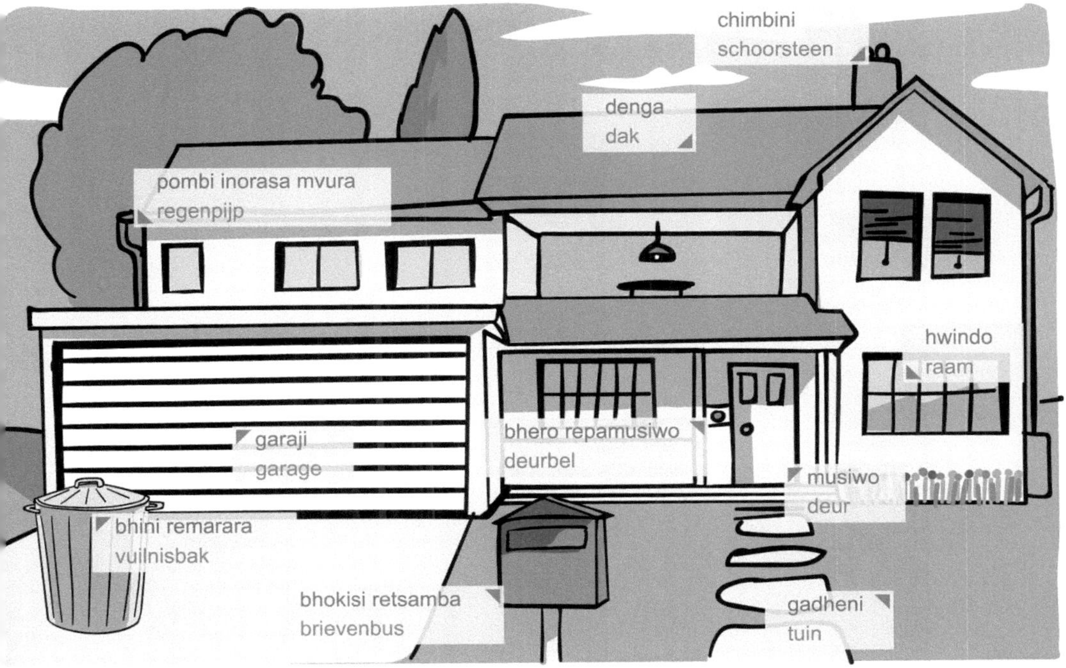
chimbini
schoorsteen
denga
dak
pombi inorasa mvura
regenpijp
hwindo
raam
garaji
garage
bhero repamusiwo
deurbel
musiwo
deur
bhini remarara
vuilnisbak
bhokisi retsamba
brievenbus
gadheni
tuin

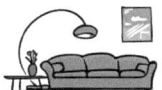

imba yekutandarira
woonkamer

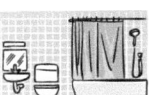

mekugezera
badkamer

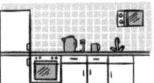

kicheni
keuken

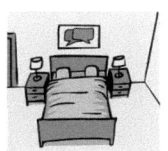

imba yekurara
slaapkamer

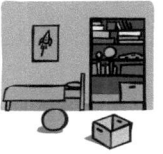

imba yemwana
kinderkamer

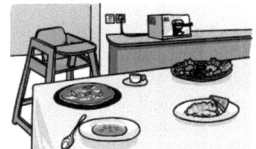

imba yekudyira
eetkamer

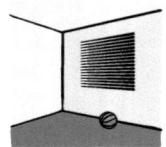

uriri
vloer

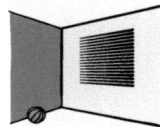

madziro
muur

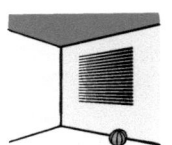

denga
plafond

imba yepasi
kelder

sauna
sauna

vharanda repadenga
balkon

uriri hwepadenga
terras

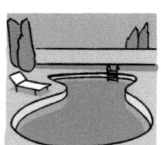

dziva rekushambira
zwembad

muchina wekuchekesa uswa
grasmaaier

jira
dekbedovertrek

chekufukidza mubhedha
dekbed

mubhedha
bed

bhurumu
bezem

bhaketi
emmer

suwichi
schakelaar

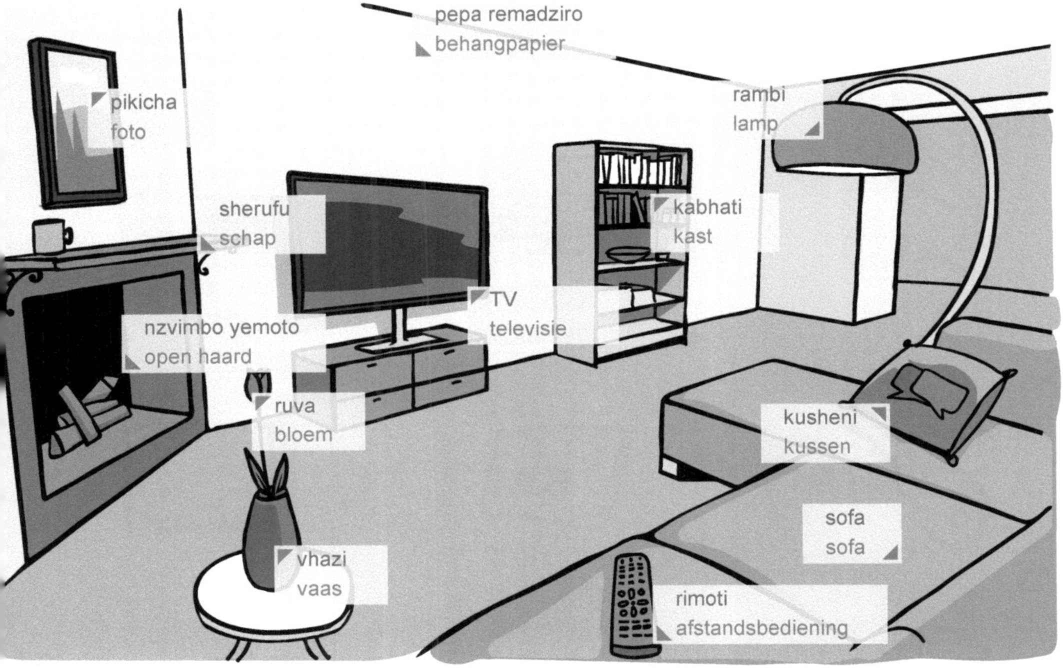

pepa remadziro
behangpapier

pikicha
foto

rambi
lamp

sherufu
schap

kabhati
kast

nzvimbo yemoto
open haard

TV
televisie

ruva
bloem

kusheni
kussen

vhazi
vaas

sofa
sofa

rimoti
afstandsbediening

kapeti

mat

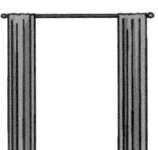

keteni

gordijn

tebhuru

tafel

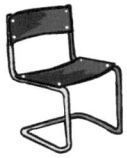

cheya

stoel

cheya inozeya

schommelstoel

cheya ine pekuisa maoko

fauteuil

bhuku

boek

gumbeze

deken

marongedzero

decoratie

huni

brandhout

firimu

film

redhiyo yehi-fi

stereo-installatie

kii

sleutel

pepanhau

krant

mufananidzo

schilderij

posita

poster

redhiyo

radio

pekunyorera

notitieboekje

muchina wekuhuvhisa

stofzuiger

chinanazi

cactus

kenduru

kaars

kicheni
keuken

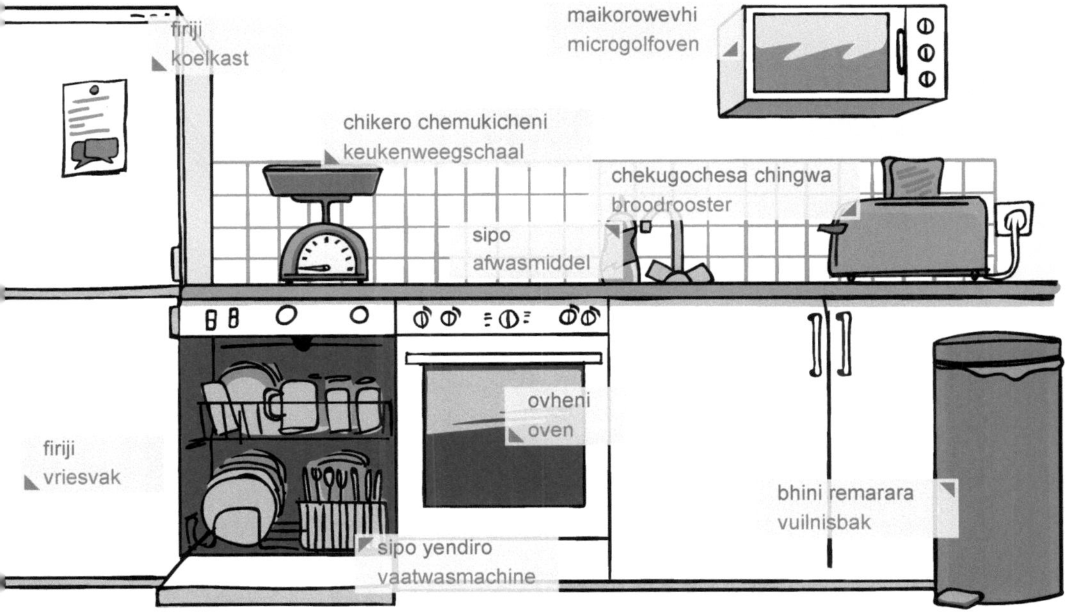

firiji
koelkast
maikorowevhi
microgolfoven
chikero chemukicheni
keukenweegschaal
chekugochesa chingwa
broodrooster
sipo
afwasmiddel
ovheni
oven
firiji
vriesvak
bhini remarara
vuilnisbak
sipo yendiro
vaatwasmachine

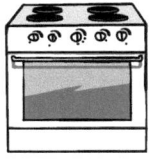

chitofu

fornuis

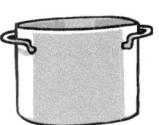

poto

pot

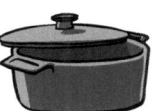

poto yesimbi

gietijzeren pot

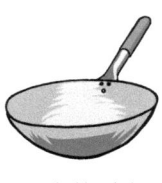

wok / kadai

wok / kadai

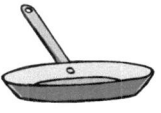

pani

pan

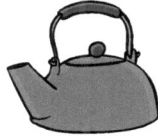

ketero

waterkoker

chekubikisa neutsi
hwemvura

stoomkoker

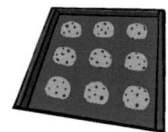

turei yekubhekesa

bakplaat

ndiro

servies

kapu

mok

dishi

kom

tumiti twekudyisa

eetstokjes

chipunu

pollepel

chipunu

spatel

chekusanganisisa

garde

chekukunisa

vergiet

chekukunisa

zeef

chekugiretesa

rasp

duri

mortier

chiwaya

barbecue

moto

haardvuur

chekuchekera
....
snijplank

chekutsimbiririsa
mukanyiwa
....
deegrol

chekuvhurisa mabhodhoro
ewaini
....
kurkentrekker

tini
....
blik

chekuvhurisa tini
....
blikopener

girovhosi rekubatisa
zvinopisa
....
pannenlap

singi
....
gootsteen

bhurasho
....
borstel

chipanji
....
spons

chinosanganisa
....
blender

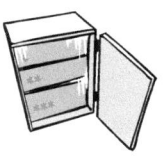

firiji
....
vriezer

bhodhoro remwana
....
papfles

pombi
....
kraan

mekugezera
badkamer

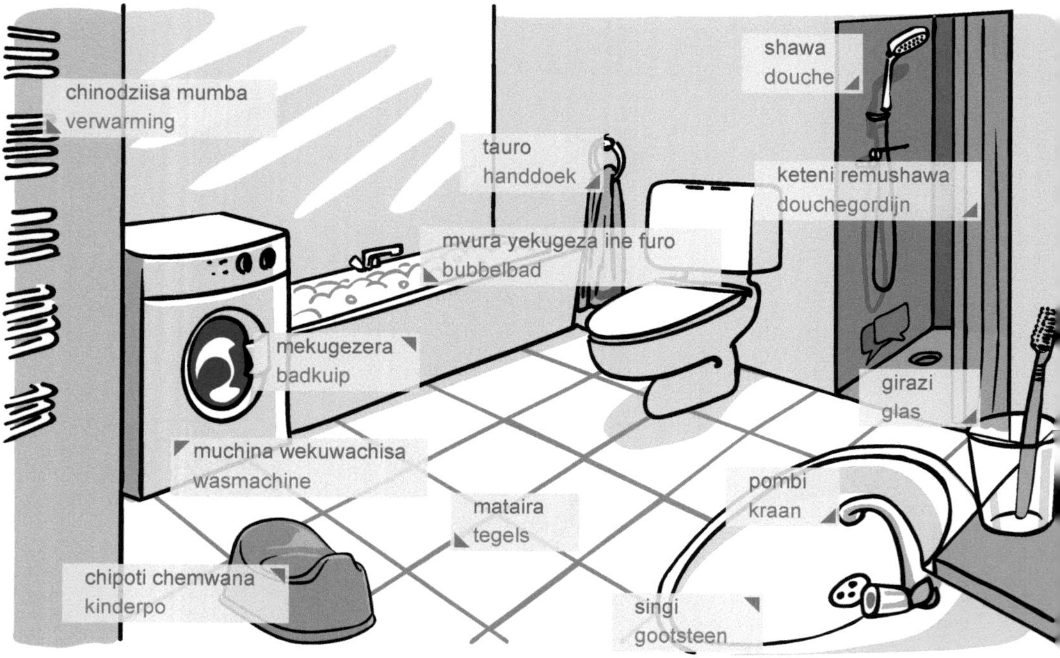
chinodziisa mumba
verwarming
shawa
douche
tauro
handdoek
keteni remushawa
douchegordijn
mvura yekugeza ine furo
bubbelbad
mekugezera
badkuip
girazi
glas
muchina wekuwachisa
wasmachine
pombi
kraan
mataira
tegels
chipoti chemwana
kinderpo
singi
gootsteen

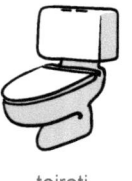

toireti

toilet

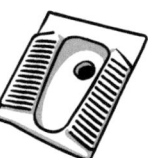

toireti yegomba

hurktoilet

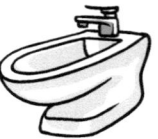

chemba

bidet

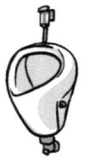

chekuitira weti chevarume

urinoir

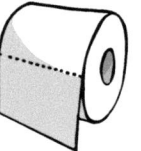

pepa remutoireti

toiletpapier

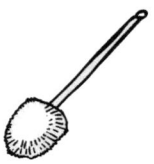

bhurasho remutoireti

toiletborstel

bhurasho remazino

tandenborstel

mushonga wemazino

tandpasta

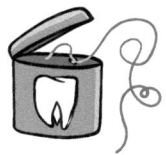

tambo yekugezesa mazino

flosdraad

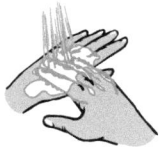

kugeza

wassen

shawa yekuita zvekubata

handdouche

douche

bidethanddouche

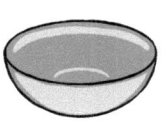

bheseni

waskom

bhurasho remusoro

rugborstel

sipo

zeep

sipo yekugezesa mushawa

douchegel

shambuu

shampoo

chekugezesa

washandje

dhireni

afvoer

mafuta

crème

chinonhuwirira

deodorant

girazi

spiegel

girazi remumaoko

handspiegel

chekugeresa ndebvu

scheermes

furo rekugeresa ndebvu

scheerschuim

mafuta ekuzora wagera ndebvu

aftershave

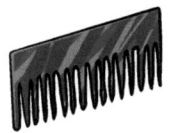

kamu

kam

bhurasho

borstel

chekuomesa bvudzi

haardroger

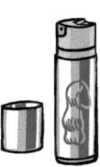

mushonga wekupfapfaidza musoro

haarlak

zvekupodesa

make-up

chekupendesa muromo

lippenstift

chekupendesa nzara

nagellak

donje

watten

chigero chenzara

nagelknipper

pefiyumu

parfum

bhegi rezvekugezesa

toilettas

chituro

kruk

chikero

weegschaal

bathrobe

badjas

magirovhosi erabha

latex handschoenen

tampon

tampon

pedhi

maandverband

toireti inotakurwa

chemisch toilet

imba yemwana
kinderkamer

wachi
wekker
chitoyi chekurara nacho
knuffel
mota yekutambisa
speelgoedauto
hosho
rammelaar
kamba kezvidhori
poppenhuis
chipo
geschenk

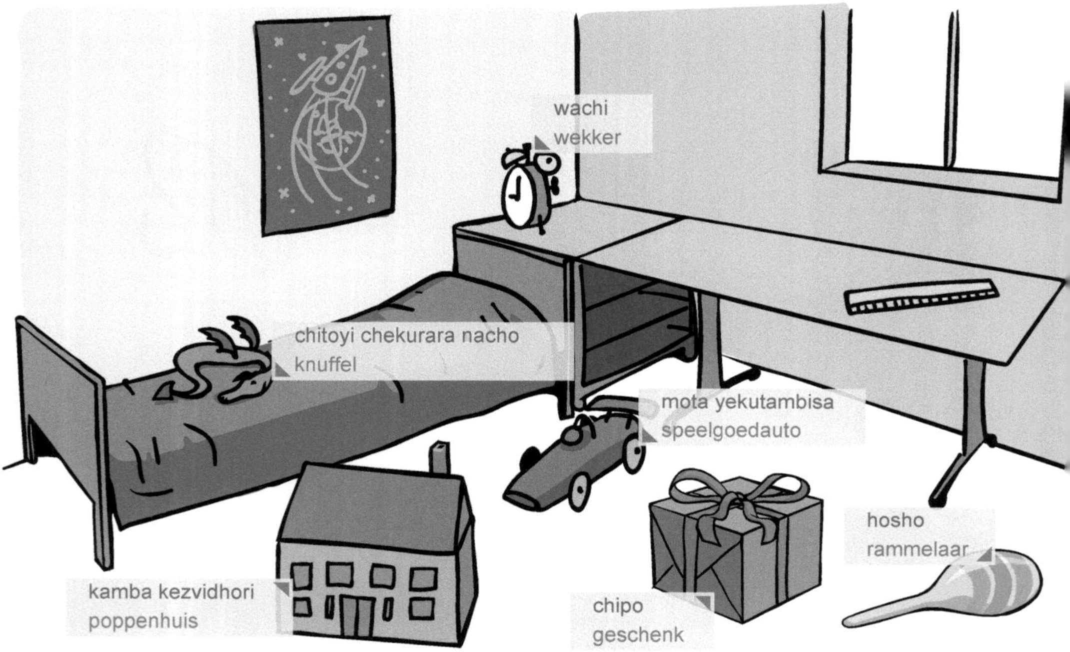

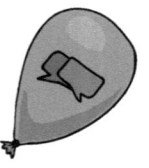

chibharuma
ballon

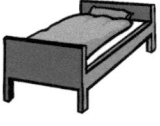

mubhedha
bed

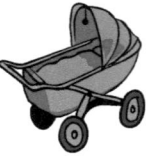

purema
kinderwagen

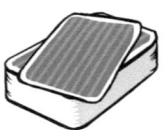

makadhi ekutamba
spel kaarten

puzzle
puzzel

SUPER MEGA

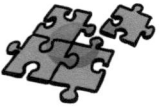

makatuni ekuverenga
stripboek

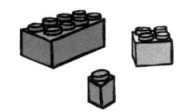

zvekuvakisa zvinhu

legoblokjes

mabhuroko ekuvakisa

blokken

chidhori

actiefiguur

babygrow

kruippakje

chekutambisa uchikanda

frisbee

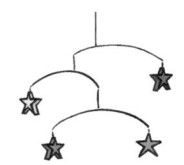

zvekuvaraidza mwana

mobiel

gemu rinotambirwa
pabhodhi

bordspel

dhaisi

dobbelsteen

zvitima zvekutambisa

modelspoorweg

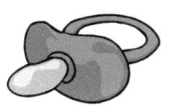

chidhami

fopspeen

mabiko

feest

bhuku remapikicha

prentenboek

bhora

bal

chidhori

pop

kutamba

spelen

majecha ekutambira

zandbak

muzeerere

schommel

zvekutambisa

speelgoed

chekutambisa magemu emavhidhiyo

spelconsole

kabhasikoro kemavhiri matatu

driewieler

teddy bear

knuffelbeer

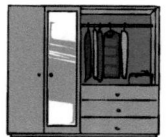

wadhiropu

kleerkast

zvipfeko
kleding

masokisi

sokken

masokisi

kousen

matirauzi anobata muviri

maillot

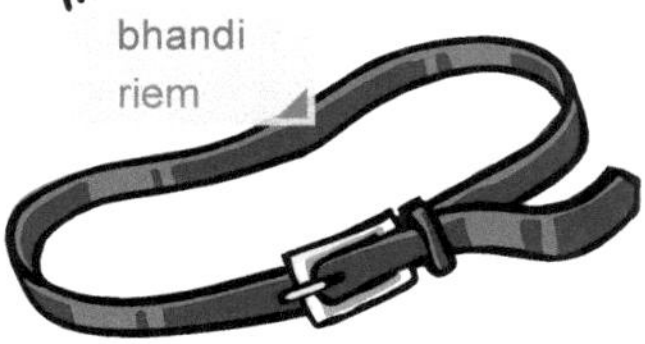

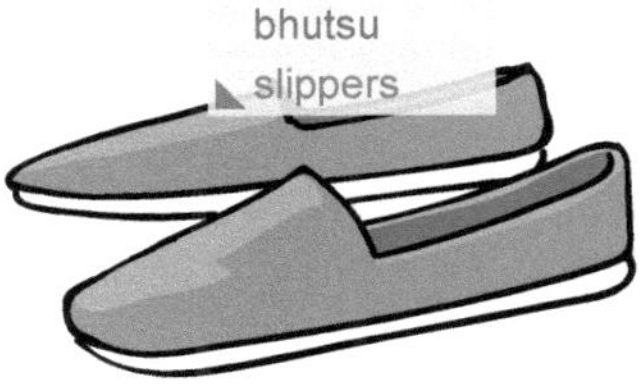

sikavha
sjaal

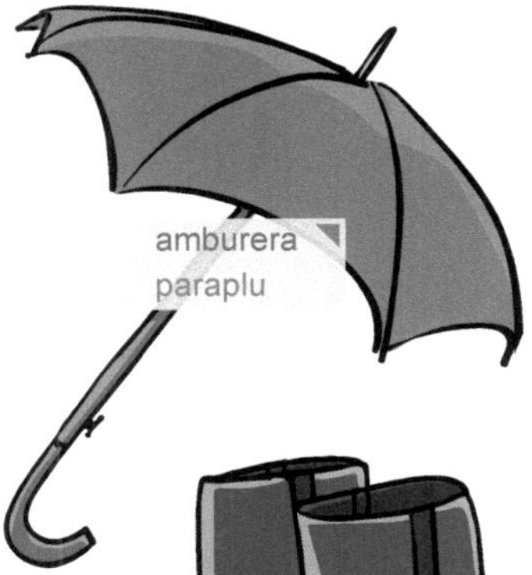

amburera
paraplu

bhandi
riem

t-sheti
T-shirt

majombo
laarzen

bhutsu
slippers

bhutsu
sneakers

masanduru
....
sandalen

bhutsu
....
schoenen

magambutsu
....
rubberlaarzen

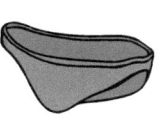

nduwe
....
onderbroek

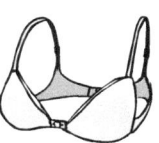

bhodhi
....
beha

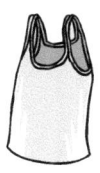

vhesi
....
onderhemd

muviri

lichaam

tirauzi

broek

jini

jeans

siketi

rok

bhurauzi

blouse

hembe

hemd

bhachi

trui

chibhachi

capuchontrui

bhachi

blazer

bhachi

jas

jasi

jas

renikoti

regenjas

koshitomu

kostuum

dhirezi

jurk

dhirezi remuchato

trouwjurk

sutu

pak

hembe yekurarisa

nachthemd

mapijama

pyjama

chari

sari

headscarf

hoofddoek

heti

tulband

burqa

boerka

kaftan

kaftan

abaya

abaya

hembe yekutuhwinisa

badpak

chikabudura

zwembroek

chikabudura

short

tirekisutu

trainingspak

apuroni

schort

magirovhosi

handschoenen

bhatani
knoop

magirazi
bril

bhenguru
armband

chuma
ketting

rin'i
ring

mhete
oorbel

kepisi
pet

hen'a
kapstok

heti
hoed

tai
das

zipi
rits

herumeti
helm

mabhandi
bretellen

yunifomu yekuchikoro
schooluniform

yunifomu
uniform

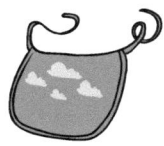

chibhibhi

slabbetje

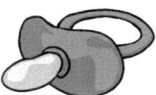

chidhami

fopspeen

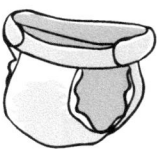

napukeni

luier

hofisi

kantoor

server
server
kabhineti
dossierkast
muchina wekuprindisa
printer
sikirini
monitor
pepa
papier
tafura
bureau
mouse
muis
fayera
map
keyboard
toestenbord
bhini remapepa
papiermand
kombiyuta
computer
cheya
stoel

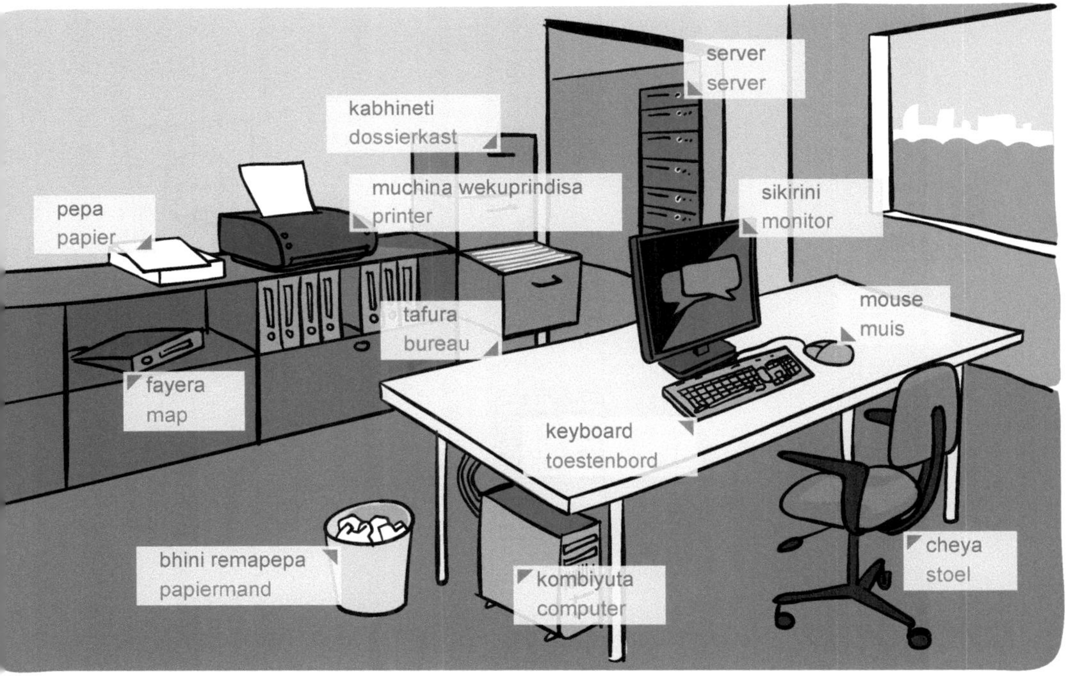

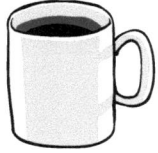

kapu yekofi

koffiemok

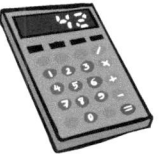

kakureta

rekenmachine

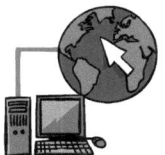

indaneti

internet

laptop
laptop

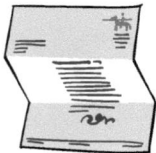

tsamba
brief

tsamba
bericht

serura
gsm

network
netwerk

muchina wekufotokopesa
kopieerapparaat

software
software

foni
telefoon

pekupfekera magetsi
stopcontact

muchina wefax
fax

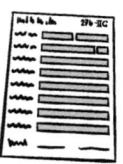

fomu
formulier

gwaro
document

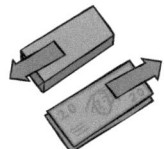

kutenga

kopen

kubhadhara

betalen

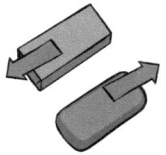

kutengesa

handelen

mari

geld

 **USD**

Dhora

dollar

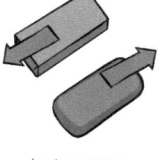 **EUR**

Euro

euro

 **JPY**

Yen

yen

 **RUB**

rouble

roebel

 **CHF**

Swiss franc

Zwitserse frank

 **CNY**

renminbi yuan

Chinese renminbi

 **INR**

rupee

roepie

panobhadharwa

geldautomaat

panochinjwa mari

wisselkantoor

goridhe

goud

sirivha

zilver

mafuta

olie

magetsi

energie

mutengo

prijs

chibvumirano

contract

mutero

belasting

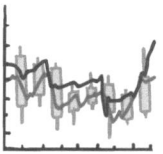

masitoku

aandeel

kushanda

werken

mushandi

werknemer

mushandirwi

werkgever

fekitari

fabriek

chitoro

winkel

mupurisa
politieagent

mudzimi wemoto
brandweerman

mubiki
kok

chiremba
dokter

mutyairi wendege
piloot

mushandi wemugadheni

tuinman

muvezi

timmerman

mukadzi anosona

naaister

mutongi

rechter

anoita zvemishonga

chemicus

ekita

acteur

mutyairi webhazi

buschauffeur

mutyairi wetaxi

taxichauffeur

muredzi

visser

mudzimai anochenesa

schoonmaakster

anogadzira denga

dakdekker

hweta

ober

muvhimi

jager

anopenda

schilder

mubiki wechingwa

bakker

mugadziri wemagetsi

elektricien

muvaki

bouwvakker

injiniya

ingenieur

mushandi wemubhucha

slager

puramba

loodgieter

positimeni

postbode

musoja

soldaat

anoita mapurani edzimba

architect

mutengesi

kassier

mugadziri wemaruva

bloemist

mugadziri wemusoro

kapper

kondakita

conducteur

makanika

mecanicien

kaputeni

kapitein

chiremba wemazino

tandarts

musayindisti

wetenschapper

rabbi

rabbijn

imam

imam

mumonk

monnik

mufundisi

geestelijke

maturusi
werktuigen

sando
hamer
pinjisi
tang
sikuruudhiraivha
schroevendraaier
chipanera
schroefsleutel
tochi
zaklamp

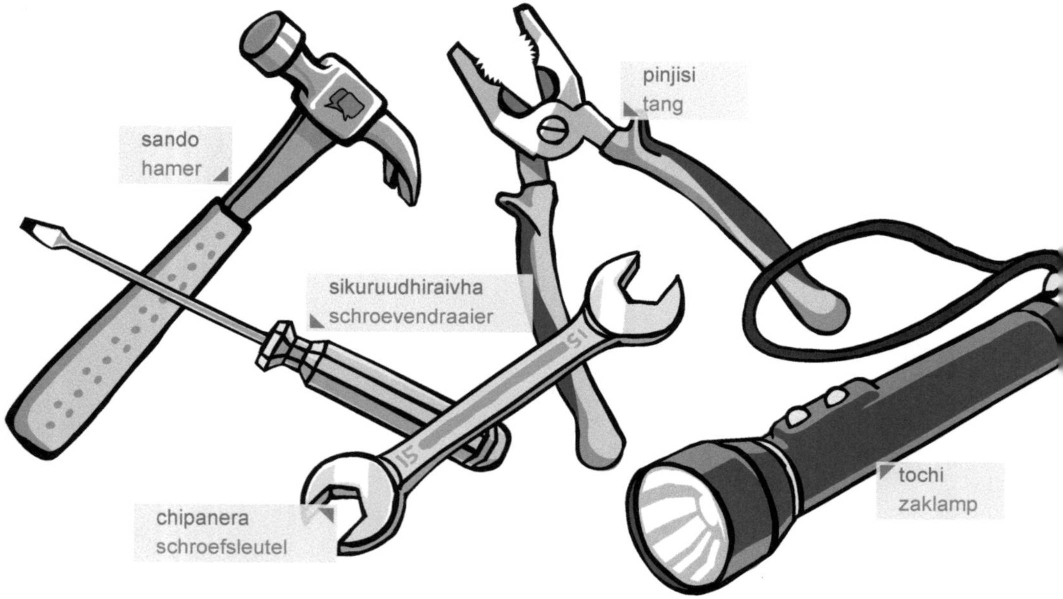

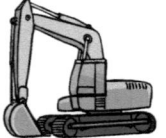

chikatapira

graafmachine

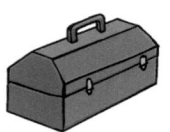

bhokisi rematurusi

gereedschapskoffer

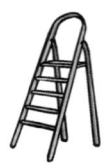

manera

ladder

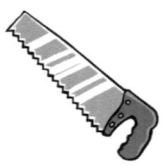

saha

zaag

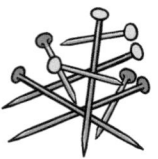

zvipikiri

spijkers

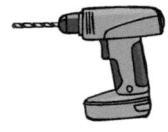

chibooreso

boormachine

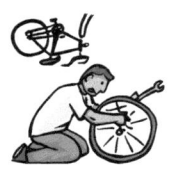

kugadzira

repareren

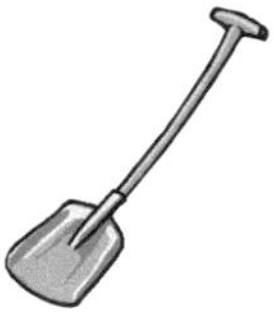

foshoro

schop

Nxa!

Verdomme!

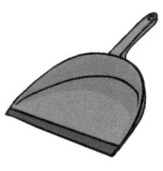

chidyoreso

blik

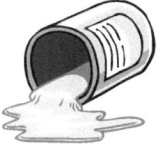

gaba rependi

verfpot

masikuruu

schroeven

zviridzwa
muziekinstrumenten

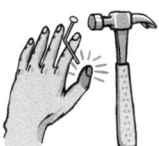

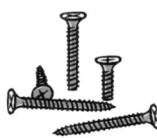

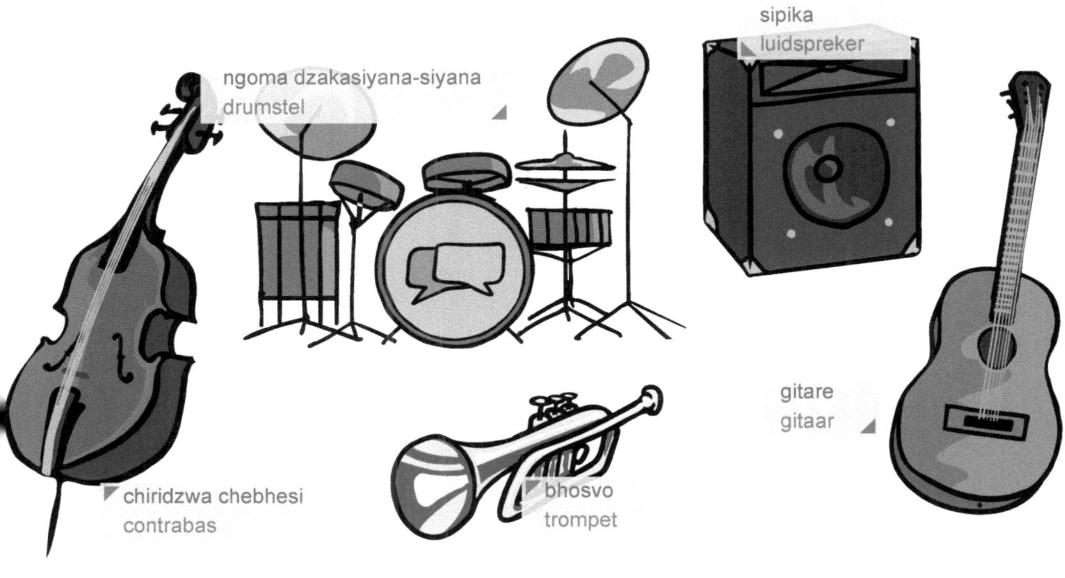
sipika
luidspreker
ngoma dzakasiyana-siyana
drumstel
gitare
gitaar
chiridzwa chebhesi
contrabas
bhosvo
trompet

piyano

piano

violin

viool

gitare rebhesi

basgitaar

ngoma

pauk

ngoma

trommels

piyano yemagetsi

keyboard

saxophone

saxofoon

nyere

fluit

maikorofoni

microfoon

munochengeterwa mhuka

zoo

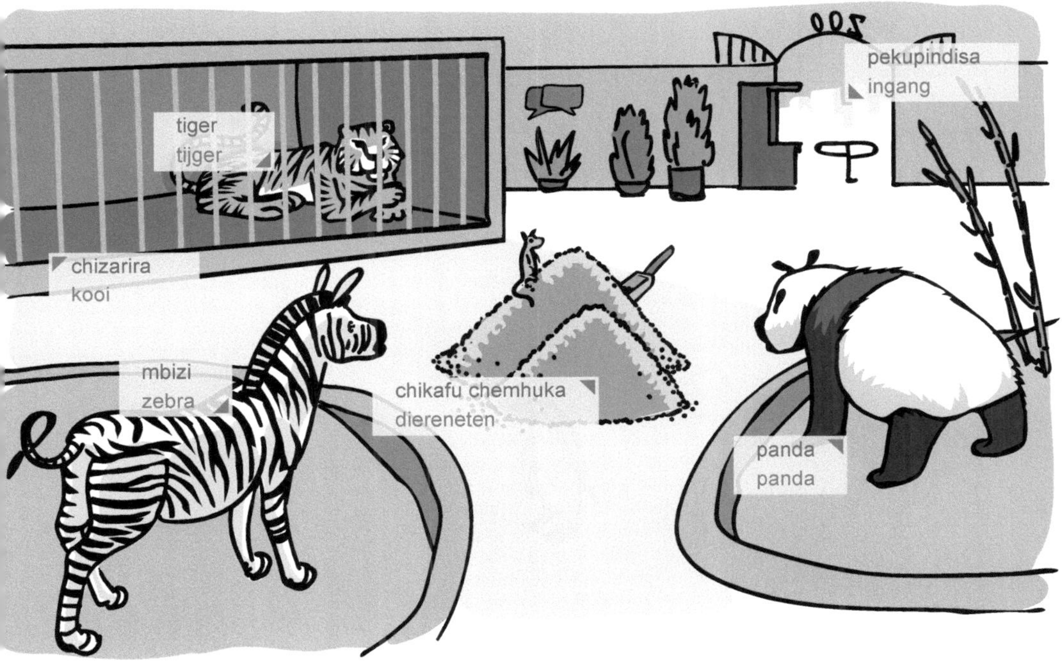

pekupindisa
ingang
tiger
tijger
chizarira
kooi
mbizi
zebra
chikafu chemhuka
dierenenten
panda
panda

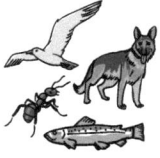

mhuka
dieren

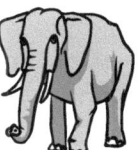

nzou
olifant

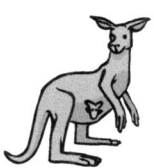

kangaruru
kangoeroe

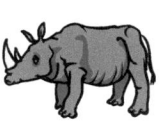

chipembere
neushoorn

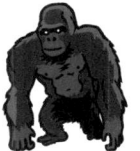

gorilla
gorilla

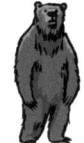

bear
beer

ngamera

kameel

mhou

struisvogel

shumba

leeuw

tsoko

aap

flamingo

flamingo

parrot

papegaai

bear rekuchando

ijsbeer

penguin

pinguïn

shark

haai

pikoko

pauw

nyoka

slang

garwe

krokodil

muchengeti wenzvimbo
yemhuka

dierenverzorger

seal

zeehond

jaguar

jaguar

nyurusi

pony

ingwe

luipaard

mvuu

nijlpaard

twiza

giraffe

gondo

adelaar

nguruve yemusango

wild zwijn

hove

vis

kamba

zeeschildpad

walrus

walrus

gava

vos

nhoro

gazelle

bhora rekuAmerica
rugby

kuchovha
wielrennen

tenisi
tennis

bhora rebhasiketi
basketbal

kutuhwina
zwemmen

tsiva
boksen

hockey yemuchando
ijshockey

nhabvu
voetbal

badminton
badminton

zvekumhanya
atletiek

bhora remaoko
handbal

kuita ski
skiën

polo
polo

mabasa
activiteiten

kuseka
lachen
kusvetuka
springen
kumbundira
knuffelen
kufamba
wandelen
kuimba
zingen
kurota
dromen
kunyengetera
bidden
kutsvoda
kussen

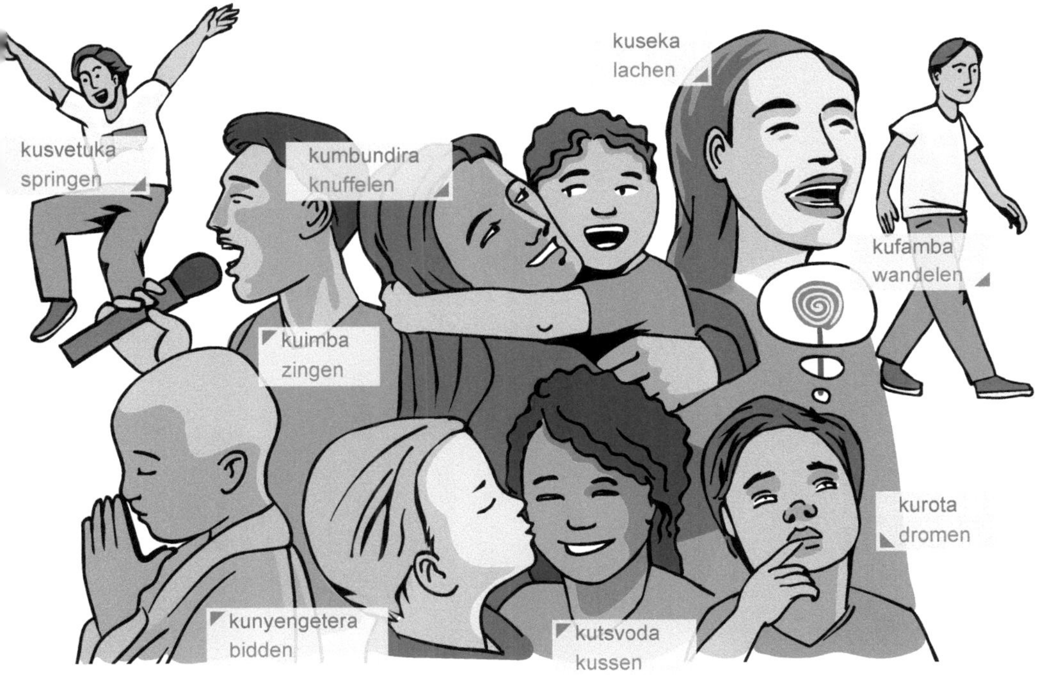

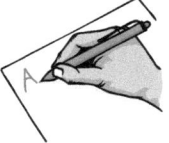

nyora
schrijven

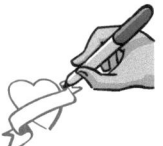

kudhirowa
tekenen

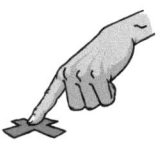

kuratidza
tonen

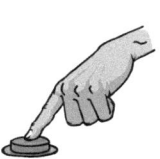

kusunda
duwen

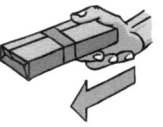

kupa
geven

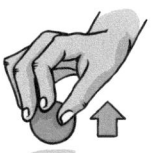

kutora
nemen

kuva ne

hebben

kuita

doen

kuva

zijn

kumira

staan

kumhanya

lopen

kudhonza

trekken

kukanda

gooien

kudonha

vallen

kurara

liggen

kumirira

wachten

kutakura

dragen

kugara

zitten

kupfeka

aankleden

kurara

slapen

kumuka

ontwaken

kutarisa

kijken naar

kuchema

wenen

kupuruzira

aaien

kukama

kammen

kutaura

praten

kunzwisisa

begrijpen

kubvunza

vragen

kuteerera

luisteren

kunwa

drinken

kudya

eten

kuchenesa

opruimen

kuda

houden van

kubika

koken

kutyaira

rijden

kubhururuka

vliegen

kufambiswa nemhepo

zeilen

kakureta

rekenen

kuverenga

Lezen

kudzidza

leren

kushanda

werken

kuroora / kuroorwa

trouwen

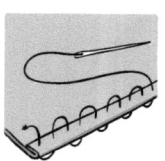

kusona

naaien

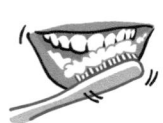

kukwesha mazino

tandenpoetsen

kuuraya

doden

kuputa

roken

kutumira

sturen

ambuya
grootmoeder

sekuru
grootvader

baba
vader

amai
moeder

mwana
baby

mwanasikana
dochter

mwanakomana
zoon

muenzi

gast

tete

tante

sekuru

oom

hanzvadzikomana

broer

hanzvadzisikana

zus

muviri
lichaam

huma
voorhoofd
ziso
oog
bendekete
schouder
munwe
vinger
chiso
gezicht
chirebvu
kin
ruoko
hand
chipfuva
borst
gumbo
been
ruoko
arm

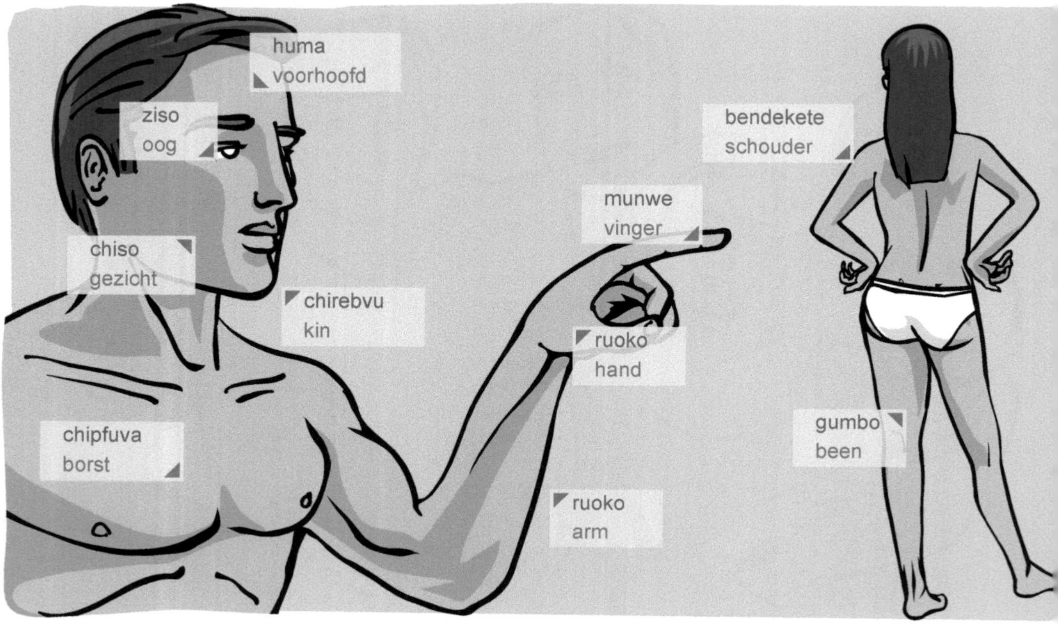

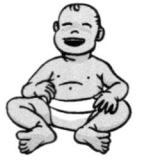

mwana
baby

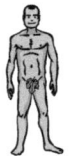

murume
man

mukadzi
vrouw

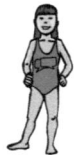

musikana
meisje

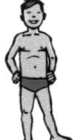

mukomana
jongen

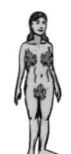

musoro
hoofd

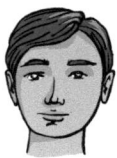

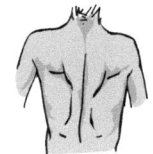

musana

rug

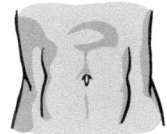

dumbu

buik

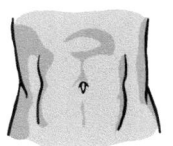

guvhu

navel

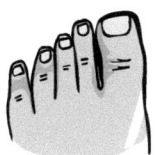

chigunwe

teen

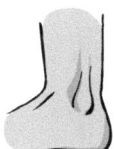

chitsitsinho

hiel

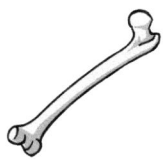

bhonzo

bot

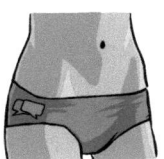

hudyu

heup

ibvi

knie

gokora

elleboog

mhino

neus

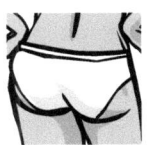

garo

zitvlak

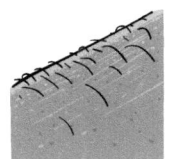

ganda

huid

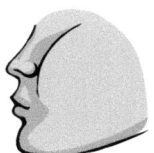

dama

wang

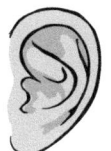

nzeve

oor

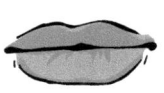

muromo

lip

mukanwa

mond

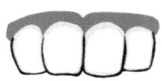

zino

tand

rurimi

tong

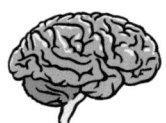

uropi

hersenen

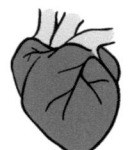

mwoyo

hart

tsandanyama

spier

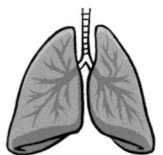

bapu

long

chitaka

lever

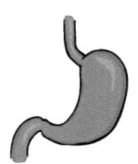

dumbu

maag

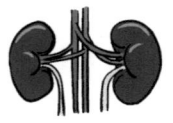

itsvo

nieren

kuita bonde

seks

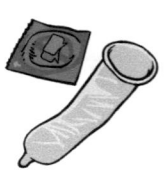

kondomu

condoom

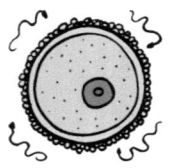

zai

eicel

urume

sperma

nhumbu

zwangerschap

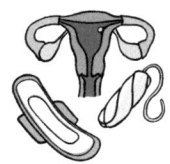

kuenda kumwedzi

menstruatie

sikarudzi

vagina

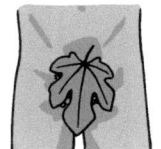

mboro

penis

tsiye

wenkbrauw

bvudzi

haar

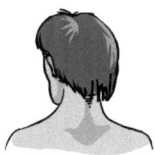

mutsipa

nek

chipatara

ziekenhuis

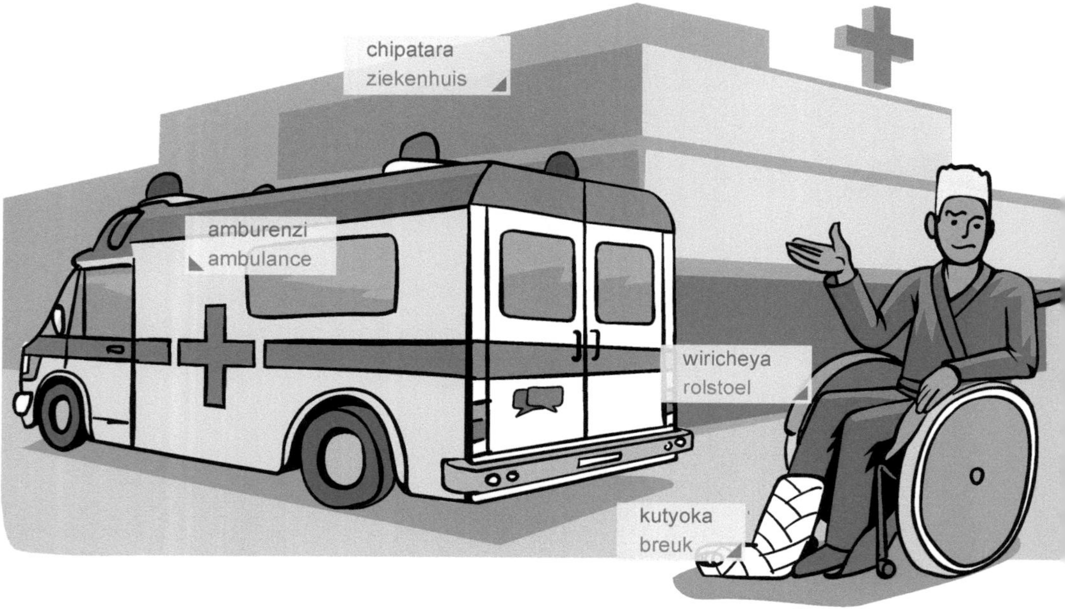

chipatara
ziekenhuis
amburenzi
ambulance
wiricheya
rolstoel
kutyoka
breuk

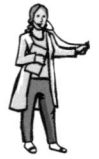

chiremba

dokter

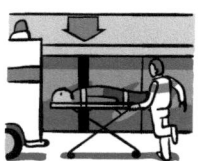

imba yerubatsiro

spoed

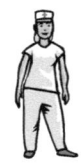

nesi

verpleegkundige

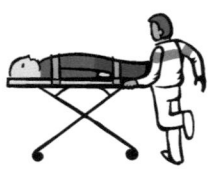

zvekukurumidza

noodgeval

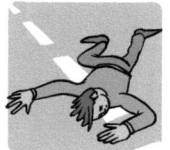

kufenda

bewusteloos

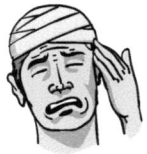

rwadza

pijn

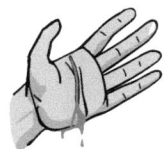

kukuvara

verwonding

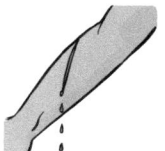

kubuda ropa

bloeding

kuerekana mwoyo usisashandi

hartaanval

kuoma rutivi

beroerte

zvinorwarisa

allergie

chikosoro

hoest

fivha

koorts

furuu

griep

manyoka

diarree

kutemwa nemusoro

hoofdpijn

mhuka

kanker

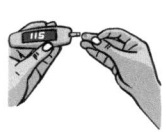

chirwere cheshuga

diabetes

muvhiyi

chirurg

kabanga keoparesheni

scalpel

oparesheni

operatie

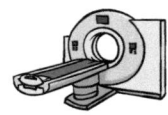

CT

CT

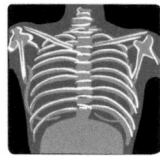

x-ray

röntgenstraal

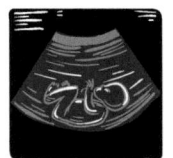

ultrasound

ultrageluid

chekuvharisa mhino nemuromo

gezichtsmasker

chirwere

ziekte

mekumirira kurapiwa

wachtkamer

chidhondoro

kruk

purasita

pleister

bhandiji

verband

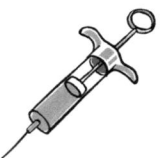

jekiseni

injectie

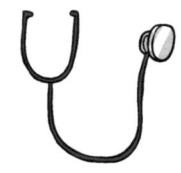

chekuteerera nacho mukati

stethoscoop

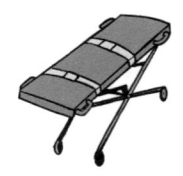

kamubhedha kemurwere

brancard

chekutoresa nacho tembiricha

thermometer

kuzvara

geboorte

kufuta

overgewicht

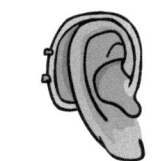

chekubatsira kunzwa

hoorapparaat

mushonga unouraya
utachiona

ontsmettingsmiddel

utachiona

infectie

vhairasi

virus

HIV / AIDS

HIV / AIDS

mushonga

medicijn

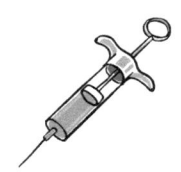

kudzivirira zvirwere

vaccinatie

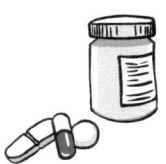

mapiritsi

tabletten

piritsi

pil

kufonera rubatsiro ipapo
ipapo

noodoproep

muchina wekuyeresa BP

bloeddrukmeter

kurwara / kugwinya

ziek / gezond

Maiwe!

Help!

kurwisa

overval

kurwisa

aanval

ngozi

gevaar

pekupuda napo zvechimbi-
chimbi

nooduitgang

Moto!

Brand!

chekudzimisa moto

brandblusser

tsaona

ongeval

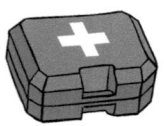

zvinhu zvefirst aid

EHBO-kit

SOS

SOS

mapurisa

politie

Europe

Europa

Kuchamhembe kweAmerica

Noord-Amerika

Kumaodzanyemba kweAmerica

Zuid-Amerika

Africa

Afrika

Asia

Azië

Australia

Australië

Atlantic

Atlantische Oceaan

Pacific

Stille Oceaan

Nyanza yeIndia

Indische Oceaan

Nyanza yeAntarctic

Antarctische Oceaan

Nyanza yeArctic

Arctische Oceaan

Kuchamhembe

Noordpool

Kumaodzanyemba

Zuidpool

Antarctica

Antarctica

Nyika

aarde

nyika

land

gungwa

zee

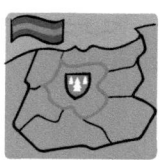

chitsuwa

eiland

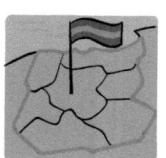

nyika

natie

nyika

staat

wachi

wijzerplaat

chinongedza awa

uurwijzer

chinongedza miniti

minuutwijzer

chinongedza masekondi

secondewijzer

Inguvai?

Hoe laat is het?

zuva

dag

nguva

tijd

izvozvi

nu

wachi yemanhamba

digitale horloge

miniti

minuut

awa

uur

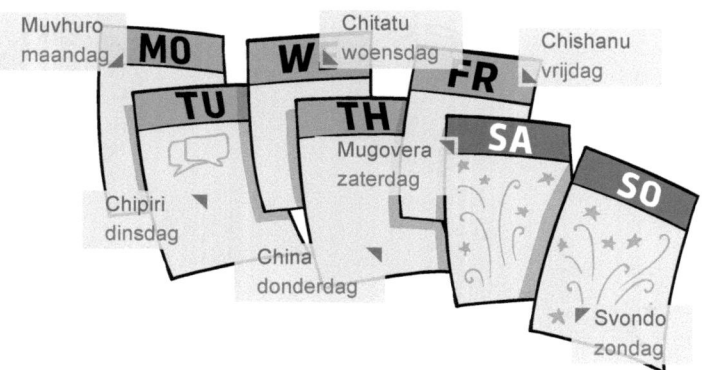

Muvhuro / maandag — MO
Chitatu / woensdag — W
Chishanu / vrijdag — FR
TU
TH
Mugovera / zaterdag — SA
SO
Chipiri / dinsdag
China / donderdag
Svondo / zondag

nezuro

gisteren

nhasi

vandaag

mangwana

morgen

mangwanani

ochtend

masikati

middag

manheru

avond

mazuva ebasa

werkdagen

kupera kwevhiki

weekend

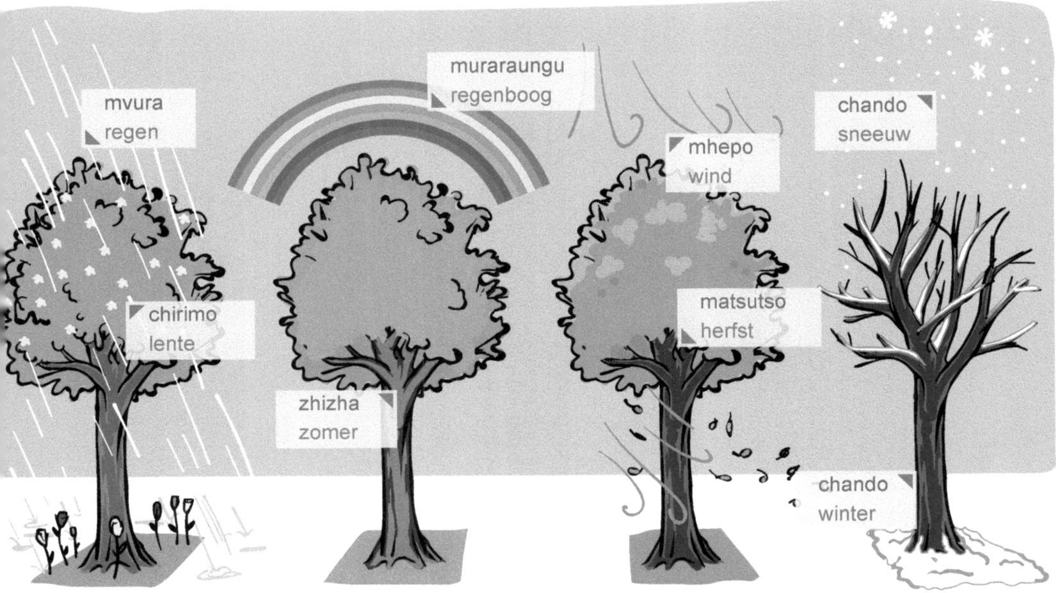

mvura
regen

muraraungu
regenboog

chando
sneeuw

mhepo
wind

chirimo
lente

matsutso
herfst

zhizha
zomer

chando
winter

4.APRIL	11°	☀
5.APRIL	4°	☂
6.APRIL	13°	☂
7.APRIL	8°	❄
8.APRIL	10°	☀

mamiriro ekunze
anofungidzirwa
....
weervoorspelling

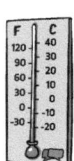

chekutoresa tembiricha
....
thermometer

zuva
....
zonneschijn

makore
....
wolk

mhute
....
mist

hunyoro
....
vochtigheid

mheni

bliksem

kutinhira

donder

dutu

storm

chivhuramabwe

hagel

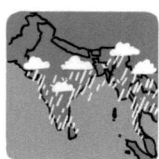

mhepo ine mvura

moesson

mafashamo

overstroming

mazaya echando

ijs

Ndira

januari

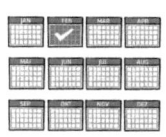

Kukadzi

februari

Kurume

maart

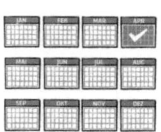

Kubvumbi

april

Chivabvu

mei

Chikumi

juni

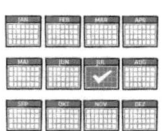

Chikunguru

juli

Nyamavhuvhu

augustus

Gunyana

september

Gumiguru

oktober

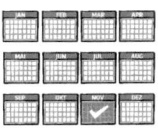

Mbudzi

november

Zvita

december

denderedzwa

cirkel

sikweya

kwadraat

rectangle

rechthoek

triangle

driehoek

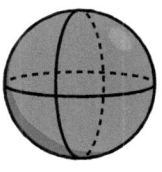

bhora

bol

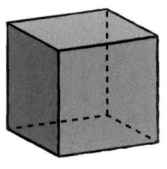

bhokisi

kubus

chena
....
wit

yero
....
geel

orenji
....
oranje

pingi
....
roze

tsvuku
....
rood

pepuru
....
paars

bhuruu
....
blauw

girini
....
groen

kaki
....
bruin

gireyi
....
grijs

nhema
....
zwart

zvakawanda / zvishoma

veel / weinig

hasha / dzikama

boos / kalm

naka / shata

mooi / lelijk

kutanga / kuguma

begin / einde

hombe / diki

groot / klein

jeka / rima

licht / donker

hanzvadzikomana /
hanzvadzisikana

broer / zus

chena / sviba

proper / vuil

kwana / kusakwana

volledig / onvolledig

masikati / usiku

dag / nacht

yakafa / mhenyu

dood / levend

pamhamha / tetepa

breed / smal

unodyiwa / haudyiwi

eetbaar / oneetbaar

utsinye / mutsa

kwaadaardig / vriendelijk

kunakidzwa / kufinhwa

opgewonden / verveeld

kobvuka / tetepa

dik / dun

kutanga / kupedzisira

eerst / laatst

shamwari / muvengi

vriend / vijand

rakazara / hairina kuzara

vol / leeg

oma / pfava

hard / zacht

rema / reruka

zwaar / licht

nzara / nyota

honger / dorst

kurwara / kugwinya

ziek / gezond

zvisiri pamutemo / zviri pamutemo

illegaal / legaal

kungwara / kupusa

intelligent / dom

ruboshwe / rudyi

links / rechts

pedyo / kure

dichtbij / veraf

matsva / matsaru

nieuw / gebruikt

hapana / chiripo

niets / iets

kuru / duku

oud / jong

batidza/dzima

aan / uit

vhurika / vharika

open / dicht

nyarara / ruzha

stil / luid

mupfumi / murombo

rijk / arm

chakanaka / chakaipa

juist / fout

kukasharara /
kutsvedzerera

ruw / glad

kusuwa / kufara

droevig / blij

pfupi / refu

kort / lang

nonoka / kurumidza

traag / snel

nyoro / oma

nat / droog

dziya / tonhora

warm / koud

hondo / rugare

oorlog / vrede

0

zero
nul

1

potsi
één

2

piri
twee

3

tatu
drie

4

ina
vier

5

shanu
vijf

6

nhanhatu
zes

7

nomwe
zeven

8

sere
acht

9

pfumbamwe
negen

10

gumi
tien

11

gumi neimwe
elf

12

gumi nembiri

twaalf

13

gumi netatu

dertien

14

gumi neina

veertien

15

gumi neshanu

vijftien

16

gumi nenhanhatu

zestien

17

gumi nenomwe

zeventien

18

gumi nesere

achtien

19

gumi nepfumbamwe

negentien

20

makumi maviri

twintig

100

zana

honderd

1.000

chiuru

duizend

1.000.000

miriyoni

miljoen

Talen

Chirungu

Engels

Chirungu chekuAmerica

Amerikaans Engels

Mandarin yekuChina

Chinees (Mandarijn)

ChiHindi

Hindi

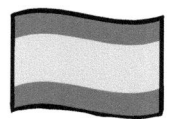

ChiSpanish

Spaans

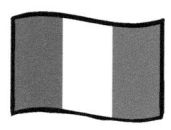

ChiFrench

Frans

ChiArabic

Arabisch

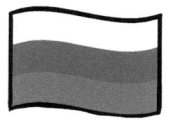

ChiRussian

Russisch

ChiPortuguese

Portugees

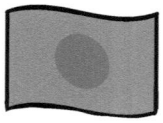

ChiBengali

Bengali

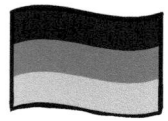

ChiGerman

Duits

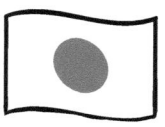

ChiJapanese

Japans

ini

ik

iwe / imi

u

iye

hij / zij / het

isu

wij

imi

u

ivo

ze

ani?

wie?

chii?

wat?

sei?

hoe?

kupi?

waar?

riini?

wanneer?

zita

naam

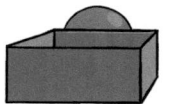

seri

achter

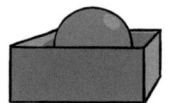

mukati

in

pamberi

voor

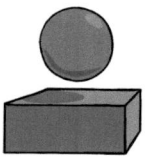

nepamusoro

boven

pamusoro

op

pasi

onder

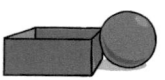

divi

naast

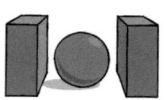

pakati

tussen

nzvimbo

plaats